Impressum
Verlag: BABADADA GmbH, Nedderfeld 112 , 22529 Hamburg
Geschäftsführer / Verlagsleitung: Harald Hof
Druck: Books on Demand GmbH, In de Tarpen 42, 22848 Norderstedt

Imprint
Publisher: BABADADA GmbH, Nedderfeld 112 , 22529 Hamburg, Germany
Managing Director / Publishing direction: Harald Hof
Print: Books on Demand GmbH, In de Tarpen 42, 22848 Norderstedt, Germany

школа
duɗal

класна кімната
suudu jangirdu

ділити
feccude

186/2

дошка
ɓalal binndi

шкільний двір
hakkunde ekkol

вчитель
janginoowo

папір
kaayit

писати
windude

ручка
kuɗol

письмовий стіл
biro

лінійка
reegal

книга
deftere

учень
almuudo

ранець

kartaabal

пенал

moftirdo kereyonji

олівець

kereyo

точило

ceeɓnirgel kereyon

гумка

momtirgel

альбом для малювання

alluwal ciifirgal

малюнок

ciifgol

пензель

limsere pentirteeɗo

коробка фарб

suwo pentirɗo

ножиці

sisooji

клей

ɗakkorgal

зошит

deftere ekkorgal

домашнє завдання

golle janŋde

12

число

niimara

2+2

додавати

beydude

5-2

віднімати

ustude

2×2

множити

beydude keeweendi

рахувати

qimaade

A

літера

bataake

ABCDEFG
HIJKLMN
OPQRSTU
VWXYZ

абетка

karfeeje

слово

kongol

текст

bindol

читати

jangude

крейда

bindirgal

година

darsu

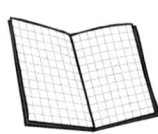

класний журнал

winditaade

екзамен

egsame

диплом

sartifika

шкільна форма

comcol duɗal

освіта

janŋde

лексикон

ansikolopedi

університет

duɗal jaaɓi haɗtirde

мікроскоп

mikoroskop

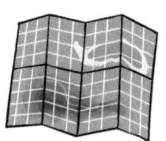

карта

kartal

кошик для паперу

suwo kurjut

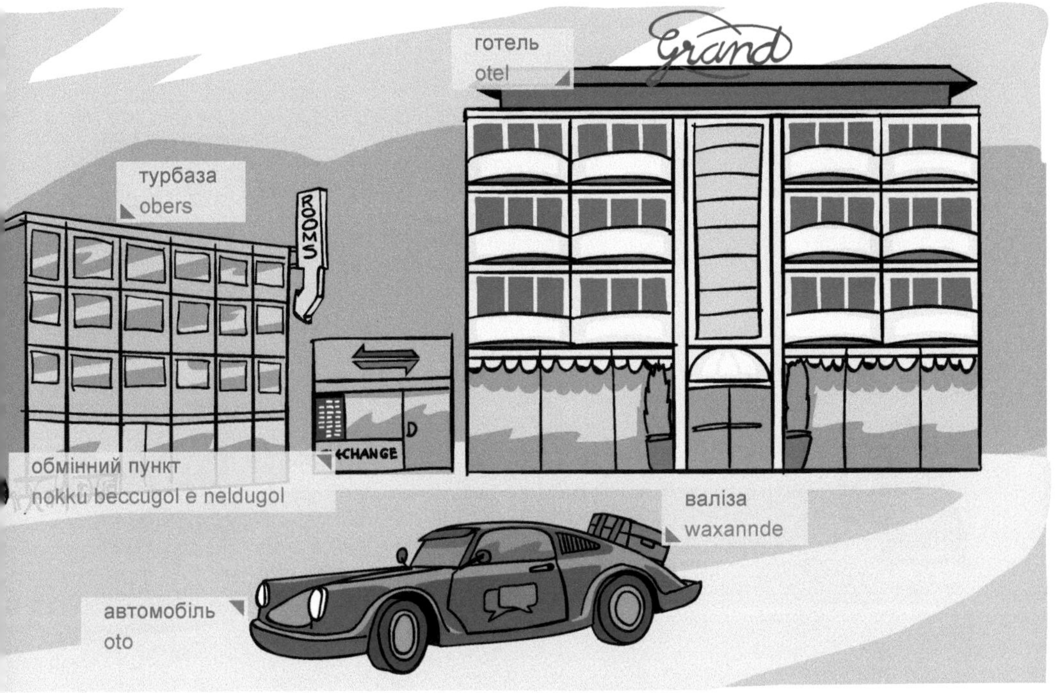

готель
otel
Grand
турбаза
obers
ROOMS
EXCHANGE
обмінний пункт
nokku beccugol e neldugol
валіза
waxannde
автомобіль
oto

мова

ɗemngal

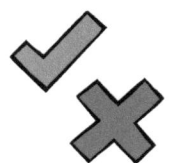

так / ні

Eey / ala

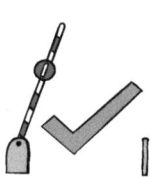

добре

Moƴƴi

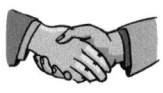

привіт

mbaɗɗa

перекладач

pirtoowo

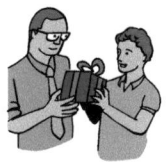

дякую

A jaraama

Скільки коштує ...?

no foti…?

Я не розумію

Mi faamaani

проблема

hanmi

Добрий вечір!

Jam hiri!

Доброго ранку!

Jam waali!

На добраніч!

Mbaalen e jam!

До побачення

ñande woɗnde

напрямок

laawol

багаж

bagaas

сумка

saawdu

рюкзак

saawdu wambateendu

гість

koɗo

кімната

suudu

спальний мішок

njegenaaw

намет

caalel ladde

туристична інформація

kabaruuji tuurist

пляж

tufnde

кредитна картка

kartal banke

сніданок

kacitaari

обід

bottaari

вечеря

hiraande

квиток

biye

ліфт

suutde

поштова марка

tampon

межа

keerol

митниця

duwaan

посольство

ambasad

віза

wiisa

паспорт

paaspoor

транспорт

taraspoor

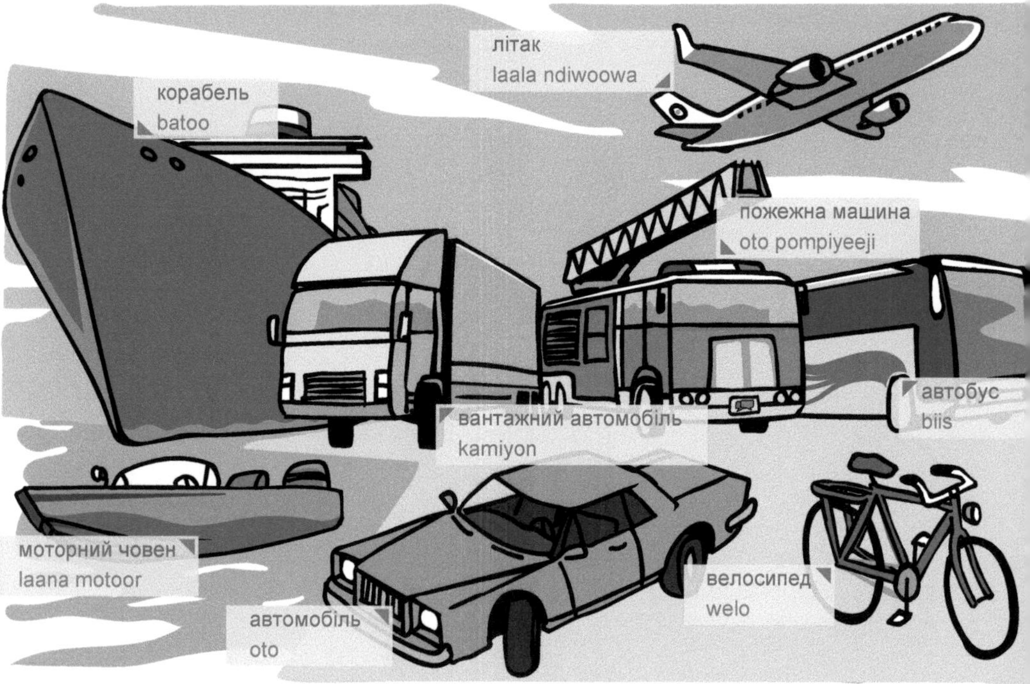

літак
laala ndiwoowa
корабель
batoo
пожежна машина
oto pompiyeeji
автобус
biis
вантажний автомобіль
kamiyon
моторний човен
laana motoor
велосипед
welo
автомобіль
oto

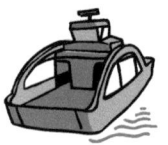

пором

batoo

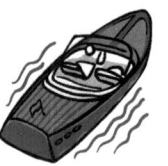

човен

laana

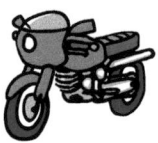

мотоцикл

welo

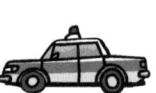

поліцейська машина

oto polis

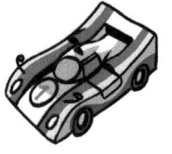

гоночний автомобіль

oto dogirteeɗo

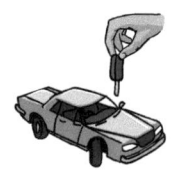

автомобіль на прокат

oto luwateeɗo

льне користування авто

dendugol oto

евакуатор

oto dandoowo goɗɗo

сміттєвоз

oto kurjut

двигун

motoor

паливо

karbiran

автозаправна станція

nokku esaans

дорожній знак

tintinooje yaangarta

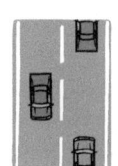

рух

yaa ngarta

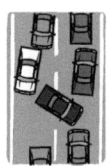

затор

jiibo yaa ngarta

стоянка

dingiral otooji

вокзал

dingiral laana leydi

рейки

laabi

потяг

laana leydi

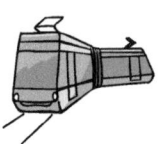

трамвай

laana ndegoowa

вагон

saret

гелікоптер

elikopteer

аеропорт

ayrepoor

вежа

tuur

пасажир

wonɓe e laana

контейнер

konteneer

коробка

karton

візок

duñirgel kaake

кошик

basket

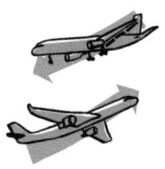

стартувати / приземлятися

diwde / juuraade

місто

wuro mowngu

село

wuro

центр міста

hakkunde wuru wowngo

дім

galle

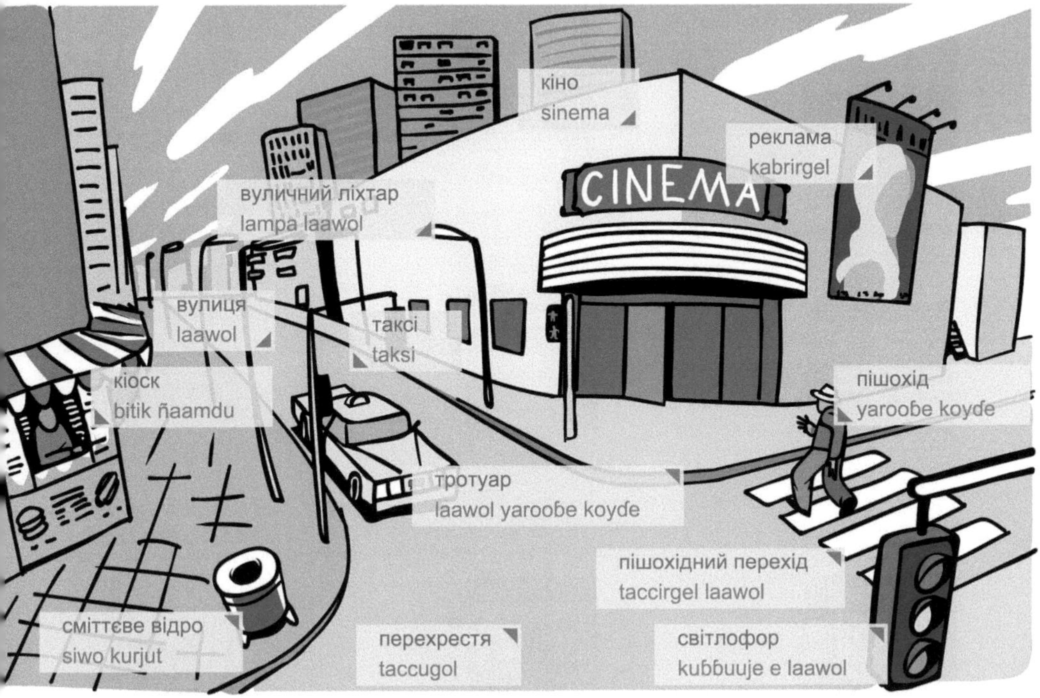
кіно
sinema
CINEMA
реклама
kabrirgel
вуличний ліхтар
lampa laawol
вулиця
laawol
таксі
taksi
кіоск
bitik ñaamdu
пішохід
yarooɓe koyɗe
тротуар
laawol yarooɓe koyɗe
пішохідний перехід
taccirgel laawol
сміттєве відро
siwo kurjut
перехрестя
taccugol
світлофор
kuɓɓuuje e laawol

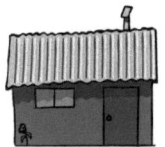

хатина

tiba

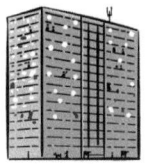

квартира

ko foti

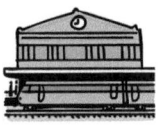

вокзал

dingiral laana leydi

ратуша

meeri

MUSEUM

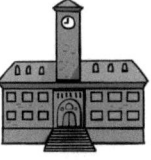

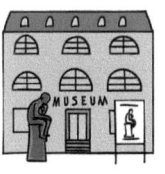

музей

miise

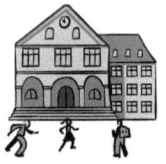

школа

duɗal

університет

dudal jaabi hadtirde

банк

banke

лікарня

suudu safirdu

готель

otel

аптека

farmasi

офіс

gollirgal

книжковий магазин

suudu defte

магазин

bitik

квітковий магазин

jeyoowo fuloraaji

супермаркет

sipermarse

ринок

jeere

універмаг

madase mawdo

торговець рибою

jeyoowo liddi

торговельний центр

nokku coodateedo

гавань

poor

парк

park

лава

jooɗorgal

міст

taccirgal

сходи

ŋabbirɗe

метро

laawol metero

тунель

laawul les leydi

автобусна зупинка

fongo biis

бар

baar

ресторан

restora

поштова скринька

buwaat postaal

вулична табличка

lewñowel laawol

лічильник паркування

to otooji ndaroto

зоопарк

nokku kullon

басейн

pisin

мечеть

jama

ферма

ngesa

забруднення навколишнього середовища

gakkingol hendu

кладовище

bammule

церква

egiliis

дитячий майданчик

dingiral

храм

tampl

ландшафт
yiyande taariinde

листок
baramlefol

вказівний стовп
tugayal tintinirgal

шлях
laawol

луг
Huɗo sukkuko

камінь
haayre

дерево
lekki

мандрівник
ŋayloowo

річка
maayo

трава
huɗo

квітка
fuloor

долина
....
hokku kaaňe mawɗe to
ndiyam dogata

гора
....
waande

озеро
....
weedu

ліс
....
ladde

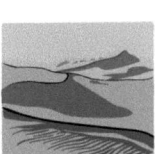

пустеля
....
ladde yoornde

вулкан
....
wolkan

замок
....
satoo

веселка
....
timtimol

гриб
....
sampiñon

пальма
....
leki palm

комар
....
ɓowngu

муха
....
diwde

мурашка
....
njabala

бджола
....
mbuubu ñaak

павук
....
njabala

жук

hoowoyre keppoore

жаба

faabru

вивірка

doomburu ladde

їжак

sammunde

заєць

fowru

сова

pubbuɓal

птах

colel

лебідь

kakeleewal ladde

кабан

mbabba tugal

олень

lella

лось

Nagge nde galladi cate

гребля

baraas

вітряк

masiŋel battowel hendu jeynge

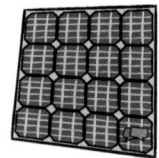

сонячний модуль

Lowowel nguleeki

клімат

kilima

ресторан
restora

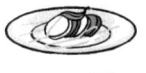

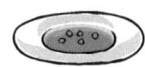

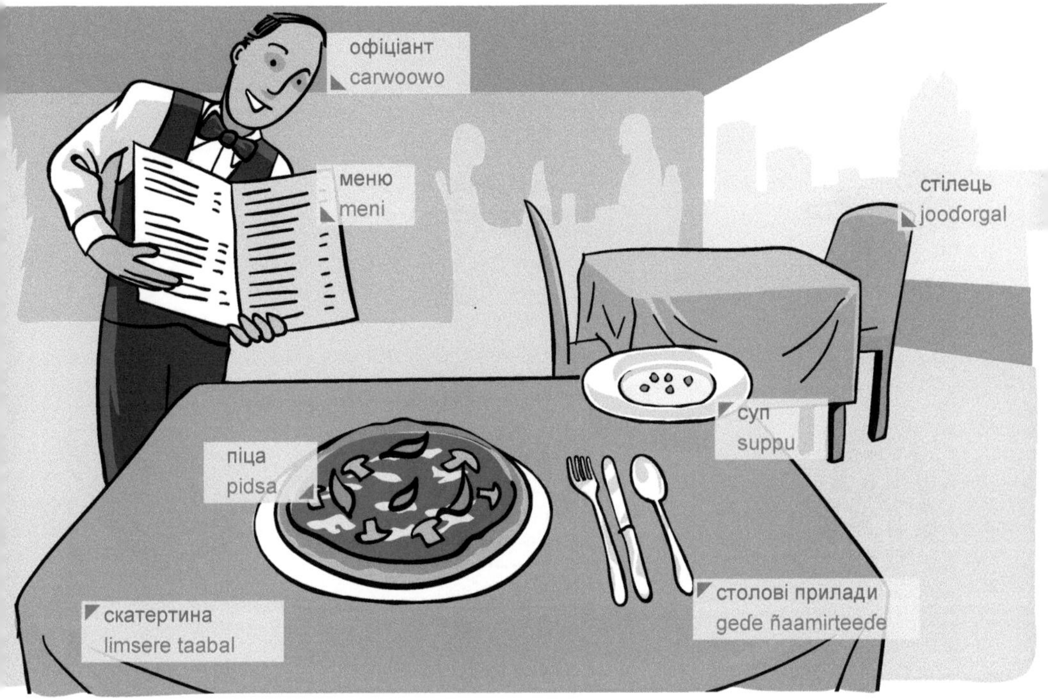
офіціант
carwoowo
меню
meni
стілець
jooɗorgal
суп
suppu
піца
pidsa
столові прилади
geɗe ñaamirteeɗe
скатертина
limsere taabal

закуска

tongitirgel

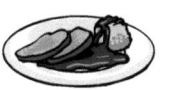

друга страва

ñaamdu nguraandi

десерт

tuftorogol

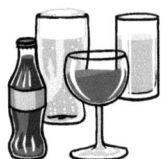

напої

njaram

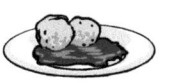

їжа

ñaamdu

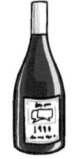

пляшка

butel

фаст-фуд

fast fud

вулична їжа

ñaamdu laawol

чайник

baraade

цукорниця

cupayel suukara

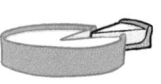

порція

geɗel

еспресо-машина

Masinŋ kafe

високий стільчик

jooɗorgal toowngal

рахунок

biye

піднос

ñorgo

ніж

paaka

вилка

furset

ложка

kuddu

чайна ложка

nokkere kuddu

серветка

sarbet

склянка

weer

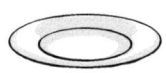

тарілка

palaat

тарілка для супу

palaat suppu

блюдце

cupayel

соус

soos

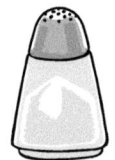

солонка

pot lamđam

млин для перцю

moññirgal poobar

оцет

bineegara

масло

nebam

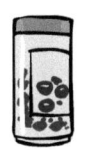

спеції

kaađnooje

кетчуп

ketsap

гірчиця

muttard

майонез

mayonees

супермаркет

sipermarse

пропозиція
ngustugul coggu
FOR
клієнт
kiliyaan
молочні продукти
kosameeje
фрукти
bikkon leɗɗe
візок для покупок
daasirgel

BUTCHERS

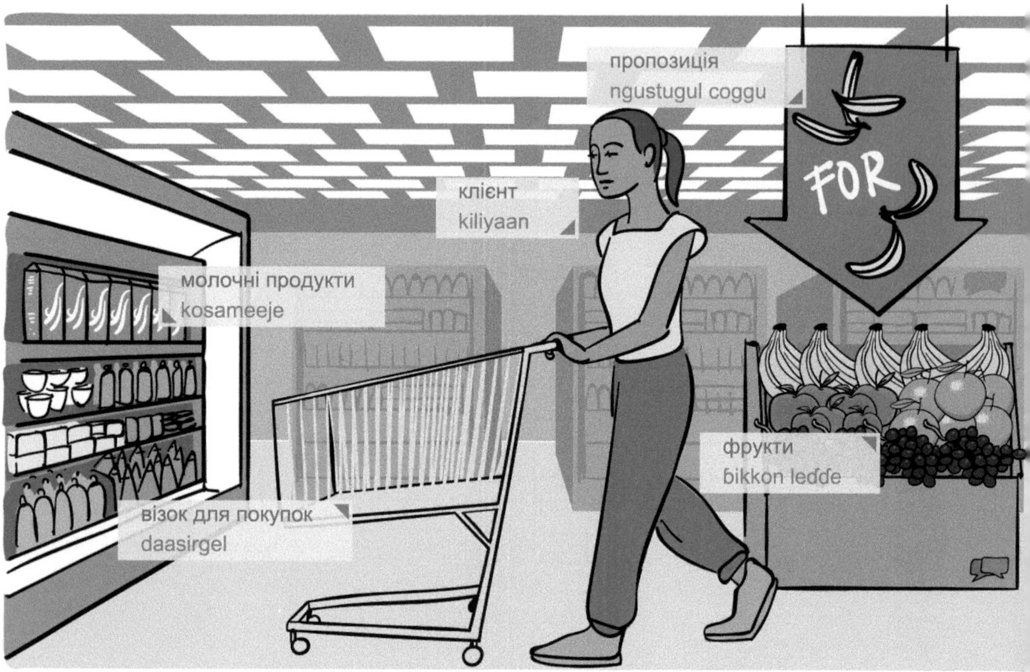

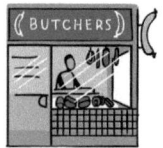

м'ясний магазин

jeyoowo teew nagge

BAKERY

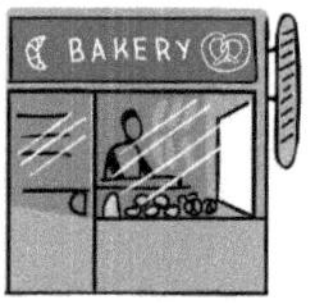

пекарня

juɗoowo mburu

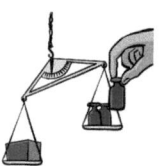

зважувати

betde

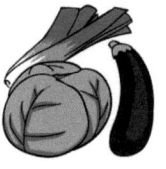

овочі

lijim

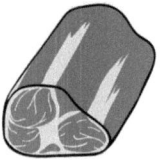

м'ясо

teew

заморожені продукти

ñaamdu bumnaandu

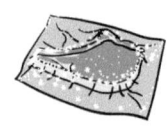

ковбасна нарізка

teew moftaaɗo

консерви

ñaamdu nder buwat

пральний порошок

condi lawyirteendu

солодощі

bonboonji

предмети домашнього побуту

geɗe ngurdaaɗe

мийний засіб

porodiwiiji laaɓnirni

продавщиця

julaaajo

каса

haa

касир

kestotooɗo

список покупок

limto coodateeɗi

часи роботи

waktuuji golle

гаманець

kalbe

кредитна картка

kartal banke

сумка

saak

поліетиленовий пакет

saak dalli

вода

ndiyam

сік

njaram

молоко

kosam

кола

ÿulmere

вино

sangara

пиво

sangara

алкоголь

sangara

какао

kakao

чай

ataaya

кава

kafe

еспресо

kafe jon jooni

капучіно

kafe italinaabe

банан

banaana

яблуко

pom

апельсин

oraas

кавун

dende

лимон

limonŋ

морква

karot

часник

laay

бамбук

lekki bambu

цибуля

basalle

гриб

sampiñon

горішки

gerte

локшина

espageti

спагеті

espageti

рис

maaro

салат

salaat

картопля фрі

firit

смажена картопля

faatat cahaaɗo

піца

pidsa

гамбургер

amburgeer

бутерброд

sandiwis

шніцель

buhal baddangal e lijim

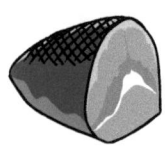

шинка

buhal teew

салямі

kaane biyeteeɗo sosison

ковбаса

sosis

курка

gertogal

печеня

defaɗum

риба

liingu

вівсяні пластівці

ndefu gabbe kuwakeer

мюслі

njilɓundi aɓuwaan e gabbe goɗɗe

кукурудзяні пластівці

kornfelek

борошно

farin

круасан

kurwasa

булочка

pe o le

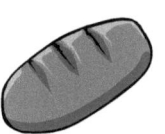

хліб

mburu

тостовий хліб

mburu juɗaaɗo

печиво

mbiskit

масло

nebam boor

сир

kosam kaaɗɗam

пиріг

gato

яйце

ɓoccoonde

яєчня

moccoonde fasnaande

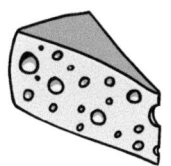

сир

foromaas

морозиво

kerem galaas

цукор

suukara

мед

njuumri

мармелад

teew nagge

нуга-крем

nirkugol sokkola

карі

suppu kaane

ферма
ngesa

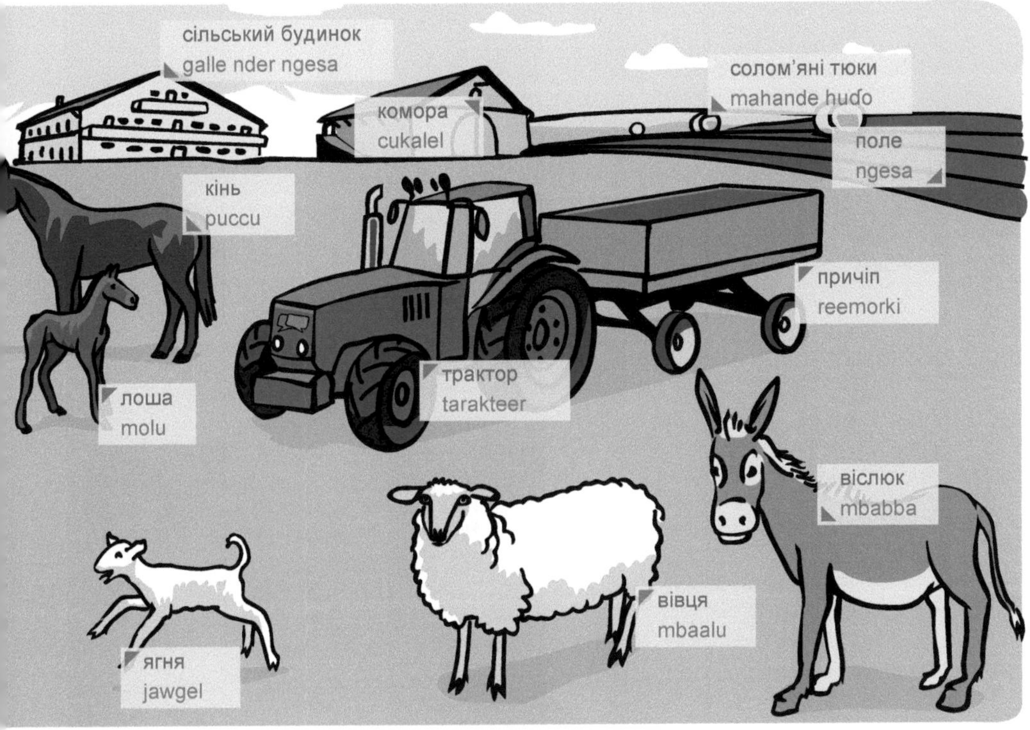
сільський будинок
galle nder ngesa
солом'яні тюки
mahande hudo
комора
cukalel
поле
ngesa
кінь
puccu
причіп
reemorki
трактор
tarakteer
лоша
molu
віслюк
mbabba
вівця
mbaalu
ягня
jawgel

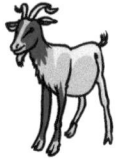

коза

ndamdi

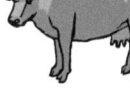

корова

nagge

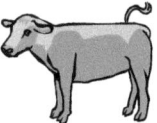

теля

mbeewa

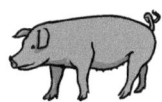

свиня

mbabba tugal

порося

ɓingel mbabba tugal

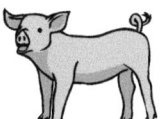

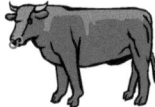

бик

ngaari ladde

гусак

jarlal ladde

качка

gerlal

курча

cofel

курка

jarlal

півень

ngori

щур

doomburu

кіт

ullundu

миша

doomburu

віл

nagge

собака

rawaandu

собача будка

nokku dawaaɗi

садовий шланг

tiwo sardin

лійка

doosirgal

коса

wofdu mawndu

плуг

masinŋ demoowo

серп

wofdu

мотика

coppirgal

вила

rato

сокира

hakkunde

тачка

buruwet

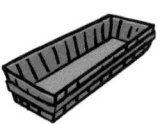

корито

mbalka

бідон молока

kosam buwat

мішок

saak

паркан

kalasal galle

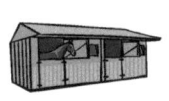

хлів

nokku pucci

теплиця

inexistant

ґрунт

leydi

насіння

abbere

добриво

nguurtinooje leydi

комбайн

masinŋ coñirteeɗo

пожинати

soñde

урожай

soñde

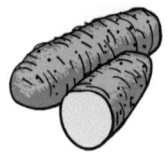

корінь ямсу

ñambi

пшениця

bele

соя

soja

картопля

faatat

кукурудза

maka

ріпак

abbere lekki kolsa

плодове дерево

lekki firwiiji

маніок

ñambi

злаки

sereyaal

дім
galle

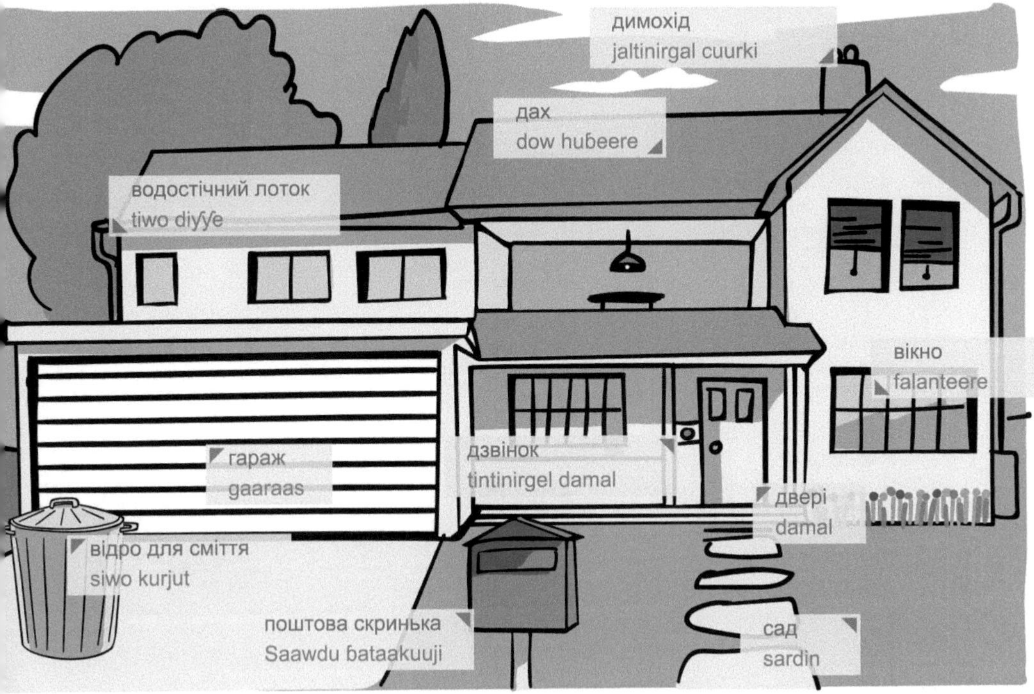

димохід
jaltinirgal cuurki
дах
dow huɓeere
водостічний лоток
tiwo diyƴe
вікно
falanteere
гараж
gaaraas
дзвінок
tintinirgel damal
двері
damal
відро для сміття
siwo kurjut
поштова скринька
Saawdu ɓataakuuji
сад
sardin

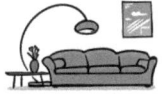

вітальня

suudu yeewtere

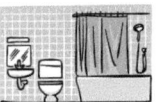

ванна кімната

tarodde

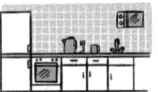

кухня

waañ

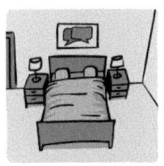

спальня

suudu waalduru

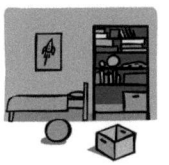

дитяча кімната

suudu sakaaɓe

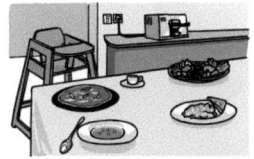

їдальня

suudu hiraande

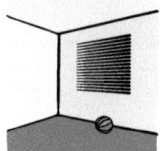

підлога

karawal

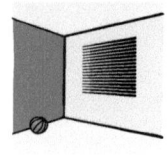

стіна

balal

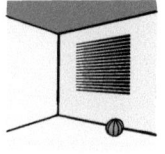

стеля

asamaan suudu

підвал

faawru

сауна

soona e demngal farase

балкон

balko

тераса

teeraas

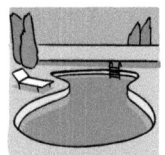

басейн

pisin

косарка

keefoowo hudo

простирало

darap

ковдра

darap

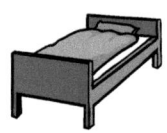

ліжко

leeso

мітла

pittirgal

відро

suwo

перемикач

ñifirgel

вітальня
suudu yeewtere

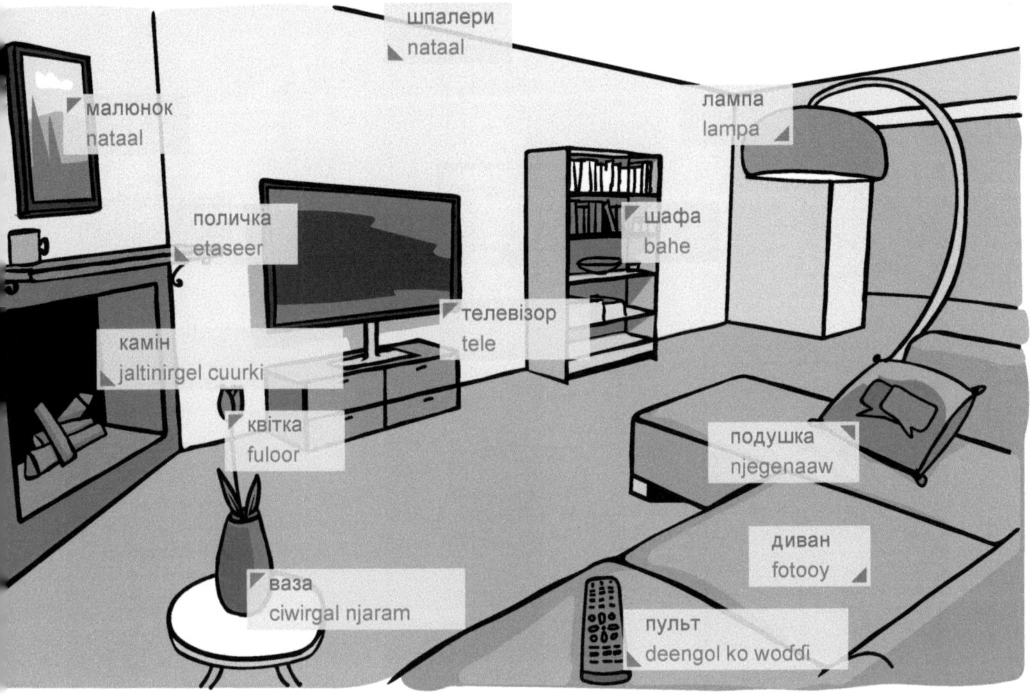

шпалери
nataal
малюнок
nataal
лампа
lampa
поличка
etaseer
шафа
bahe
телевізор
tele
камін
jaltinirgel cuurki
квітка
fuloor
подушка
njegenaaw
диван
fotooy
ваза
ciwirgal njaram
пульт
deengol ko woddi

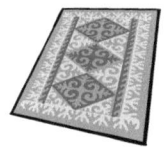

килим
tappi

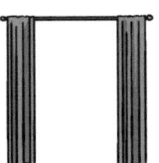

завіса
rido

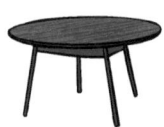

стіл
taabal

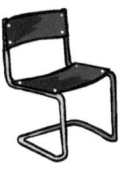

стілець
jooɗorgal

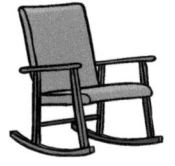

крісло-гойдалка
jooɗorgal timmungal

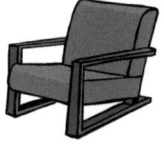

крісло
jooɗorgal tuggateengal

книга

deftere

ковдра

cuddirgal

прикраса

jooɗnugol

дрова

leɗɗe kubbateeɗe

фільм

filmo

стереосистема

materiyel hi-fi

ключ

coktirgal

газета

kaayit kabaruuji

картина

pentirgol

плакат

posteer

радіо

rajo

блокнот

teskorgel

пилосос

boɗowel pusiyeer

кактус

kaktis

свічка

sondel

кухня
waañ

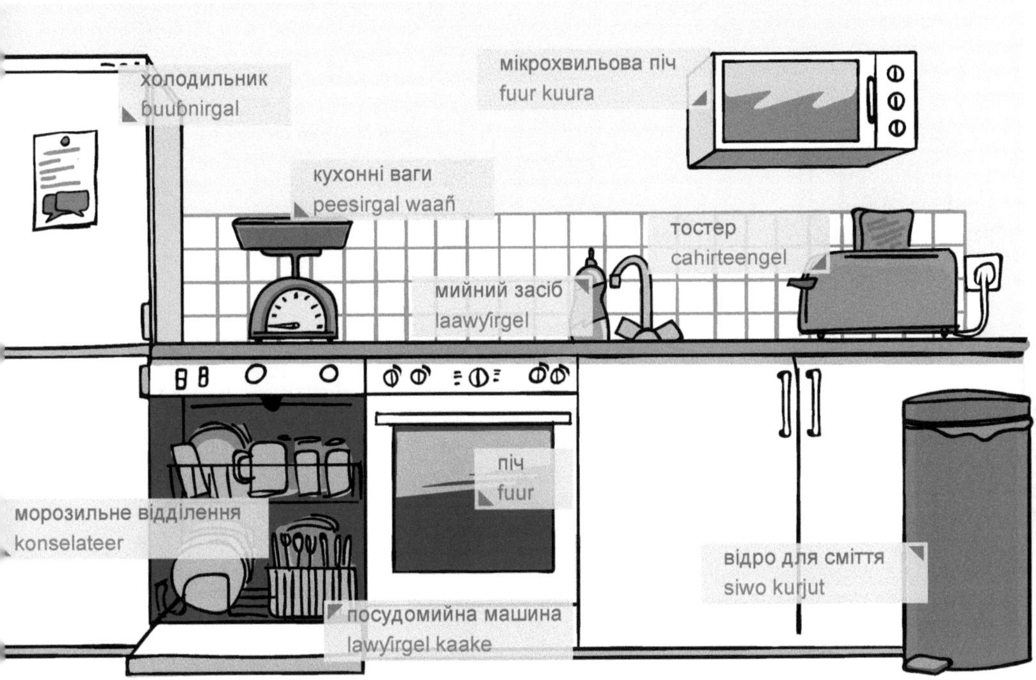
холодильник
buuɓnirgal
мікрохвильова піч
fuur kuura
кухонні ваги
peesirgal waañ
тостер
cahirteengel
мийний засіб
laawƴirgel
піч
fuur
морозильне відділення
konselateer
відро для сміття
siwo kurjut
посудомийна машина
lawƴirgel kaake

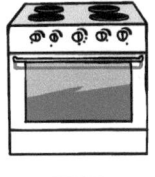

плита

fuurno

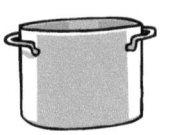

горщик

pot

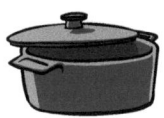

чавунний горщик

barme

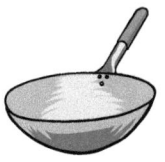

вок / кадай

kasorol

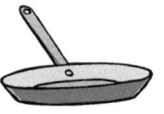

сковорода

kasorol

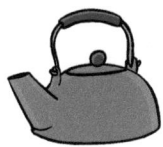

чайник

satalla

пароварка

suppere defirteende

лист

pool defirteeɗo

посуд

lawyũgol kaake

кухоль

pot jarduɗo

чаша

suppeere

палички для їжі

ñibirgon ñaamdu

черпак

kuddu luus

лопатка

kayit ɗakirteeɗo

вінчик для збивання

iirtude

сито

ceɗirgel

сито

tame

терка

keefirgel

ступка

moññirgal

барбекю

juɗgol

багаття

jeyngol e henndu

дошка

coppirgal

качалка

degnirgel ñaamdu
feewnateendu

штопор

udditirgel butel

конзерва

buwaat

відкривачка

udditirgel buwat

прихватки

nangirgel pot

раковина

siimtude

щітка

boros

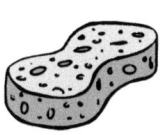

губка

eppoos

міксер

jiibirgel

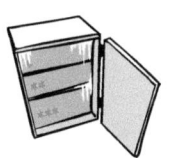

морозильна камера

battowel galaas

дитяча пляшка

jardugel tiggu

кран

robine

ванна кімната

tarodde

душ
lootogol
опалення
gulnirgel suudo
рушник
momtirgel
душова завіса
birnirgel lootorgal
пiниста ванна
lootogol e ngufu
ванна
ngaska buftorteengo
склянка
weer
пральна машина
masinŋ lootnoowo
кран
robine
плитка
kette senge
горшок
potsamburu
раковина
siimtude

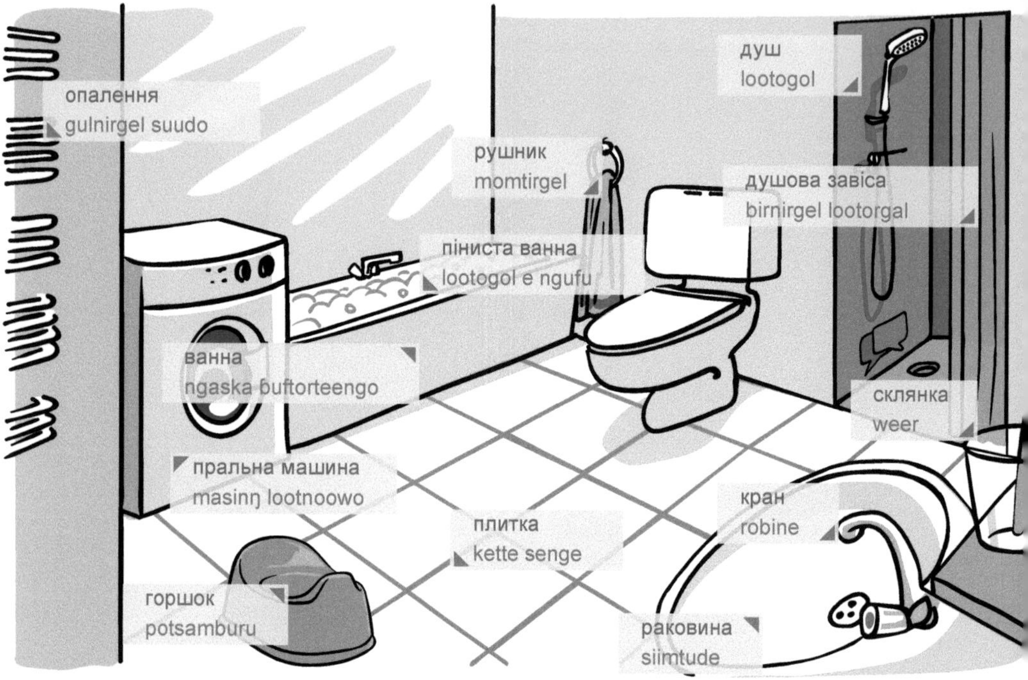

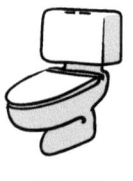

туалет

taarorde

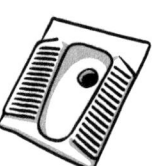

підлоговий туалет

joɗorgal kuwirteengal

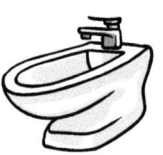

біде

biisirgel ndiyam

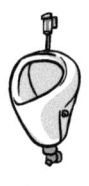

пісуар

taarodde

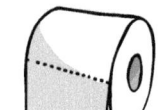

туалетний папір

kaayit momtirɗo

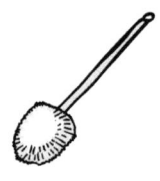

щітка для туалету

boros taarorde

зубна щітка

coccorgal yiiye

зубна паста

sabunde yiiye

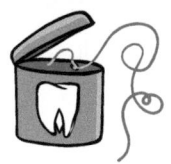

нитка для чищення зубів

gaarowol ñiire

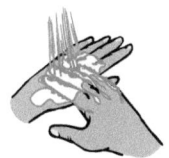

мити

lawyŭde

ручний душ

boggol lootirteengol

інтимний душ

buftogol

таз

loowirteengel

щітка для спини

demirgel huɗo

мило

sabunnde

гель для душу

saabunde buftorteende

шампунь

sampoye

мочалка

limsere wiro

водостік

ciiygol

крем

kerem

дезодорант

uurnirgel

дзеркало

daandorgal

косметичне дзеркало

daandorgal pamoral

бритва

pembirgel

піна для гоління

ngufu pembol

лосьйон після гоління

moomiteengel pembol

гребінь

yeesoode

щітка

boros

фен

joornirgel sukunndu

лак для волосся

peewnirgel sukunndu

косметика

makiyaas

губна помада

jooɗirgel toni

лак для нігтів

momtirgel cegeneeji

вата

garowol wiro

ножиці для нігтів

siso cegeneeji

парфум

parfon

косметичка

waxande lootorgal

табурет

kuudi

ваги

peesirgal

халат

wutte cuftorteeɗo

гумові рукавички

gaŋuuji dalli

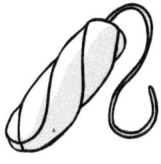

тампон

momtirer ƴiiƴam ella

гігієнічні прокладки

kuus tiggu

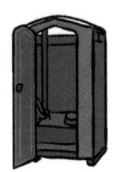

біотуалет

lootogol simik

дитяча кімната
suudu sakaaɓe

будильник
pindinirgel
м'яка іграшка
kullel fijirde
іграшковий автомобіль
oto pijirgel
брязкальце
dillere
ляльковий будиночок
galle pijirgel
подарунок
hannde

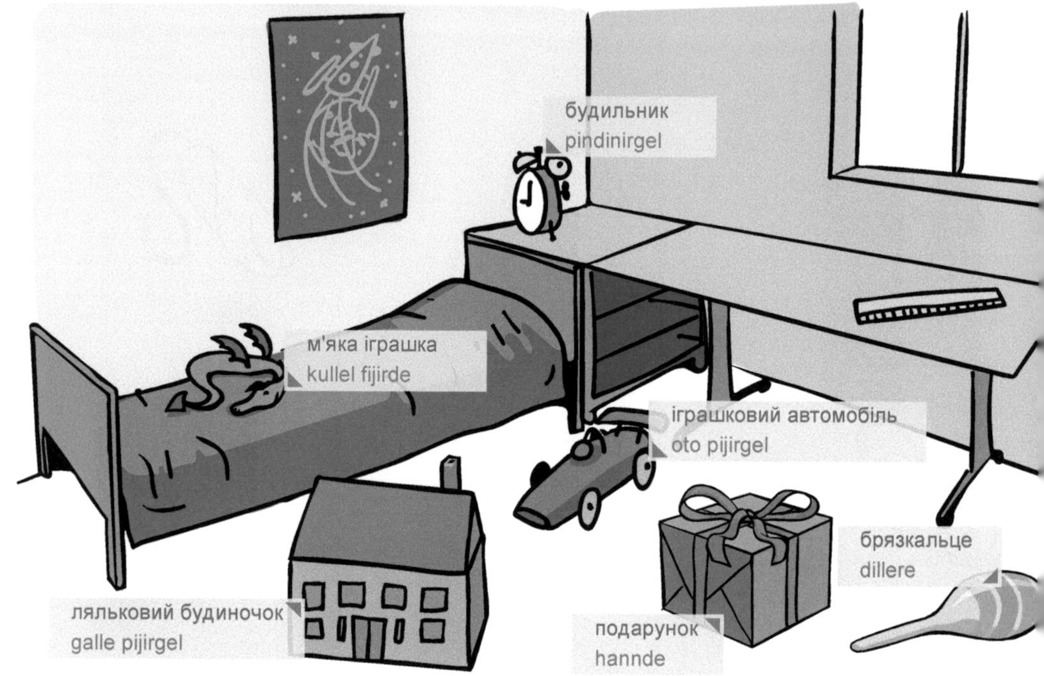

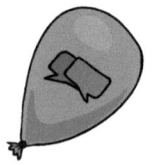

повітряна кулька

sumalle dalli

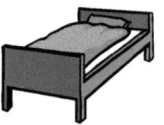

ліжко

leeso

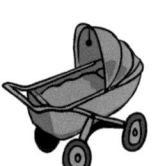

дитячий візок

duñirgel tiggu

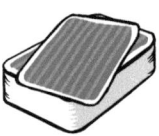

картярська гра

nokkere karte

пазл

fijirde lombondirgol

SUPER
MEGA

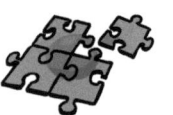

комікс

njalniika

лего цеглинки

pijirgel tuufeeje

блоки

tuufeeje

іграшкова фігурка

pijirgel

повзунки

comcol tiggu

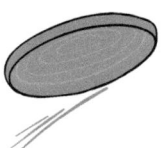

фризбі

palaat diwwoow

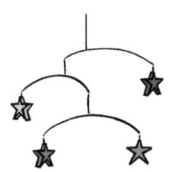

мобіле

noddirgel

настільна гра

pijirgel

кубик

dee

модель залізнична станція

ñemtinirgel laana ndegoowa

соска

neɗɗo fuuunti

вечірка

fijirde

книжка з картинками

deftere nate

м'яч

bal

лялька

puppe

грати

fijde

пісочниця

mbalka ceenal

гойдалка

beeltirgal

іграшка

pijirgel

гральна консоль

pijiteengel see widewo

триколісний велосипед

welo biifi tati

плюшевий мішка

pijirgel kullel urs

шафа

armuwaar

одяг

comcol

шкарпетки

kawase

панчохи

kawase

колготки

tuubayon bittukon

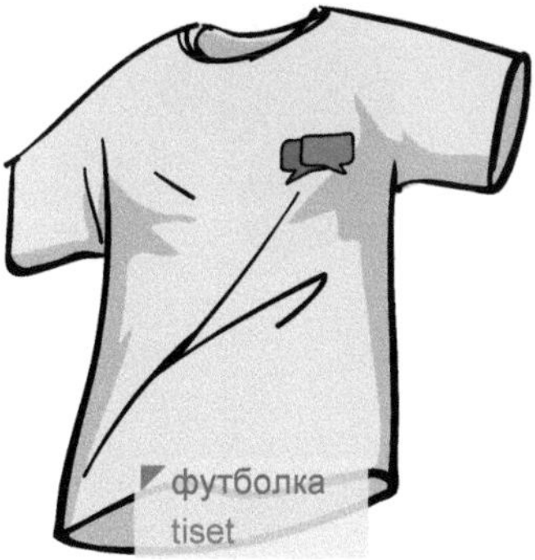

шарф
musuuro

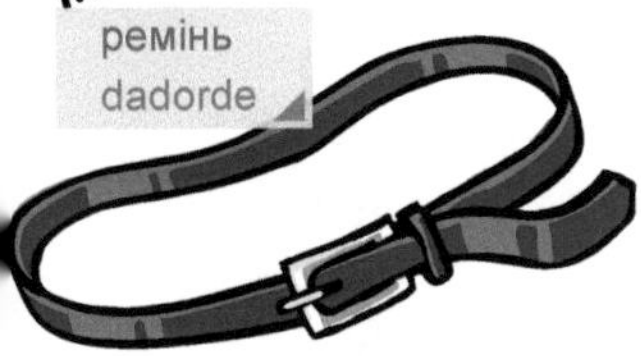

парасоля
paraseewal

футболка
tiset

ремінь
dadorde

чоботи
paɗe toowɗe

домашнє взуття
paɗe suudu

кросівки
paɗe bokkateeɗe

сандалі
....
paɗe diwa

взуття
....
paɗe

гумові чоботи
....
paɗɗe toowɗe lirotooɗe

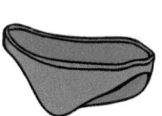

труси
....
cakkirɗi

бюстгальтер
....
sucengors

нижня сорочка
....
silet

боді

banndu

штани

tuuba

джинси

jiin

спідниця

robbo

блузка

buluson

сорочка

simis

пуловер

piliweer

светр

weste nebbu

піджак

layset

куртка

jaget

пальто

weste juuɗɗo

дощовик

wutte tobo

костюм

kostim

сукня

robbo

весільна сукня

robbo yange

костюм

weste

нічна сорочка

wutte baalduɗo

піжама

pijama

сарі

sari

головна хустка

muusooro

чалма

kaala

бурка

kaala

кафтан

sabndoor

абая

abbaay

купальник

comcol lumbirogol

плавки

cakkirɗi

шорти

kilot

тренувальний костюм

joogin

фартух

limsere deffowo

рукавички

gaɲuuji

гудзик

boɗɗirgel

окуляри

lone

браслет

jawo

ланцюг

cakka

кільце

feggere

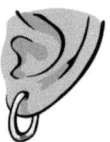

сережка

hootonde

шапка

laafa

плічка

liggirgal weste

капелюх

laafa

краватка

karawat

застібка-блискавка

zip

шолом

laafa ndeenka

підтяжки

ganŋ

шкільна форма

comcol duɗal

уніформа

iniform

нагрудник

sarbetel daande

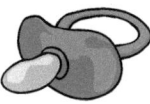

соска

neɗɗo fuuunti

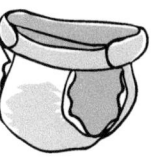

підгузок

kuus

офіс
gollirgal

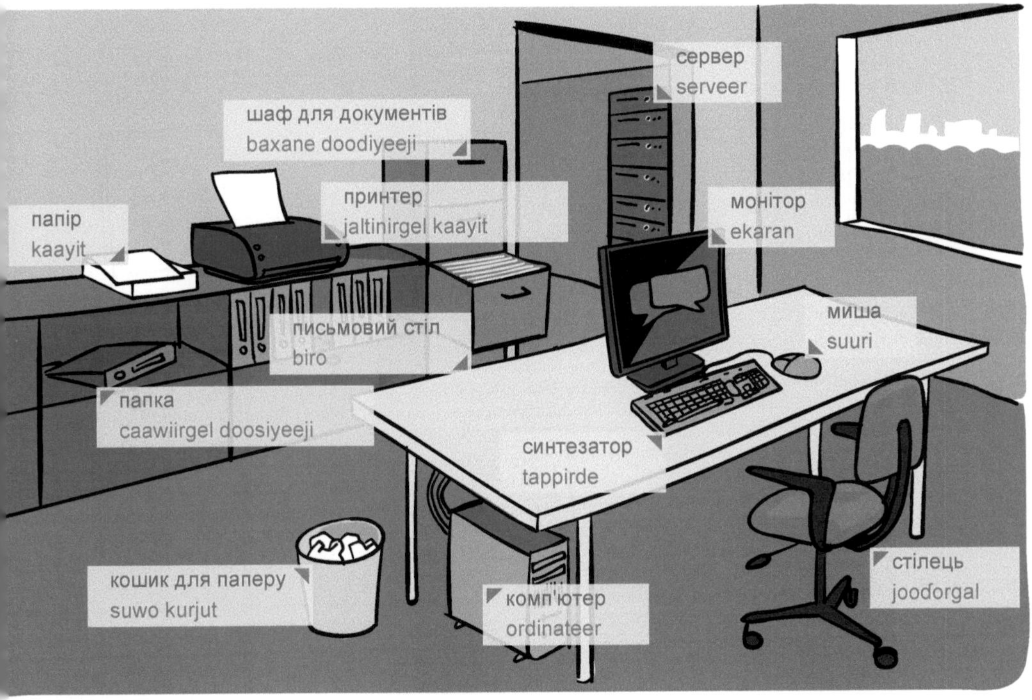

сервер
serveer

шаф для документів
baxane doodiyeeji

монітор
ekaran

принтер
jaltinirgel kaayit

папір
kaayit

миша
suuri

письмовий стіл
biro

папка
caawiirgel doosiyeeji

синтезатор
tappirde

кошик для паперу
suwo kurjut

комп'ютер
ordinateer

стілець
jooɗorgal

кавовий кухоль

kuppu kafe

калькулятор

qiimorgal

інтернет

enternet

ноутбук

ordinateer beelnateeɗo

лист

bataake

повідомлення

bataake

мобільний телефон

noddirgel

мережа

reso

копіювальний пристрій

cottitirgel

програмне забезпечення

losisiyel

телефон

noddirgel

розетка

ceŋirgel ɓoggol kuura

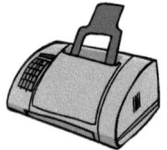

факс

masinŋ faks

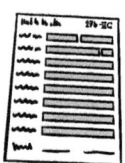

бланк

mbaadi

документ

dokiman

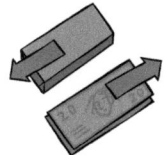

купувати

soodde

платити

sooɗde

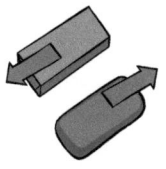

торгувати

yeyde

гроші

kaalis

долар

dolaar

євро

eroo

ієна

yen

рубль

ruubal

франк

faran Siwis

юанів женьміньбі

yuwaan renminbi

рупія

rupii

банкомат

masiŋ keestorɗo kaalis

обмінний пункт

nokku beccugol e neldugol

золото

kanŋe

срібло

kaalis

нафта

esaans

енергія

sembe

ціна

coggu

контракт

kontara

податок

taks

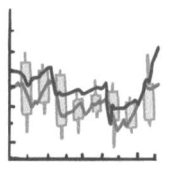

акція

marsandiss moftaaɗo

працювати

gollude

працівник

gollinteeɗo

роботодавець

gollinoowo

фабрика

isin

магазин

bitik

професії
haajuuji

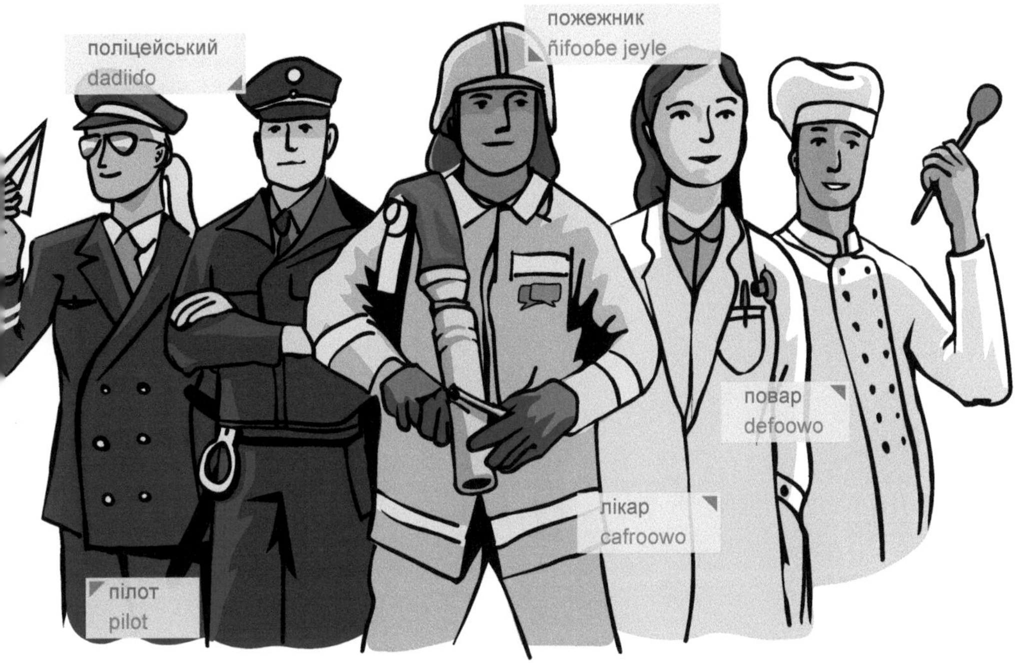

поліцейський
dadiiɗo
пожежник
ñifooɓe jeyle
повар
defoowo
лікар
cafroowo
пілот
pilot

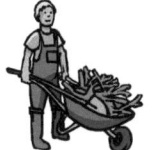

садівник

toppitiiɗo sardin

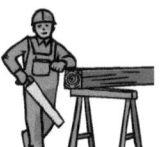

столяр

minise

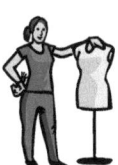

швачка

ñootoowo

суддя

ñaawoowo

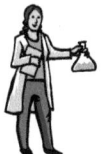

хімік

simist e ɗemngal farayse

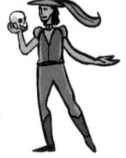

актор

aktoor

водій автобуса

dognoowo biis

таксист

dognoowo taksi

рибалка

gawoowo

прибиральниця

pittoowo

покрівельник

cengirde hubeere

офіціант

carwoowo

мисливець

daddoowo

художник

pentiroowo

пекар

piyoowo mburu

електрик

gollowo kuura

будівельник

mahoowo

інженер

enseñeer

забійник

jeyoowo teew keso

бляхар

polombiyer

листоноша

nawoowo batakuuji

солдат

kooninke

архітектор

diidoowo bahanteeri

касир

kestotooɗo

флорист

jeyoowo fuloraaji

перукар

mooroowo

кондуктор

dognoowo

механік

mekanisiyenŋ

капітан

kapiteen

дантист

cafroowo ɲiiƴe

вчений

miijotooɗo

рабин

kellifaaɗo diine to israayel

імам

imaam

монах

muwaan e e ɗemngal farayse

пастор

kellifaaɗo diine heerereeɓe

інструменти
kuutorɗe

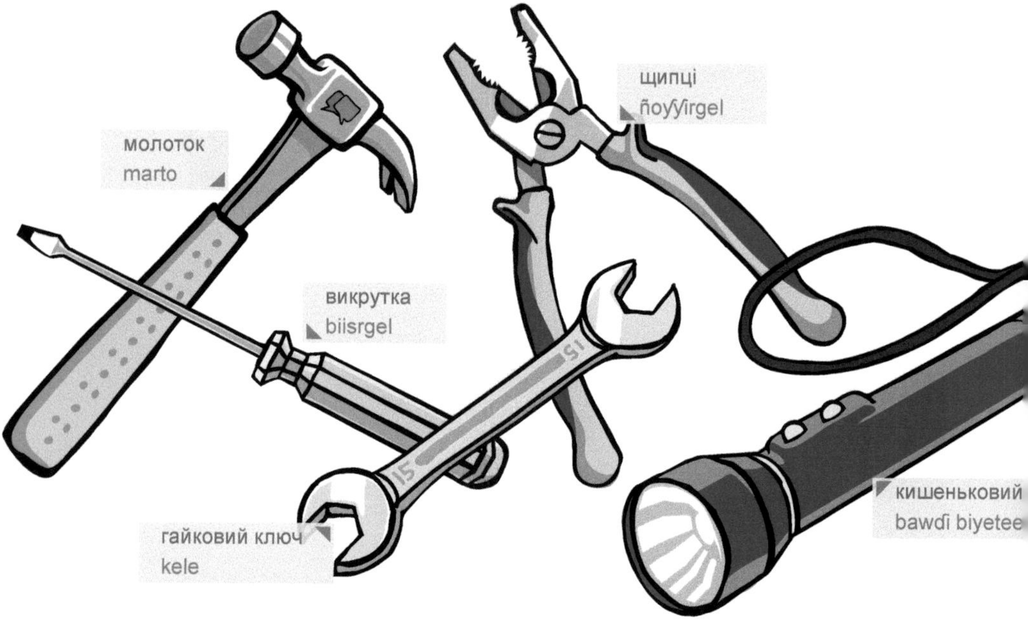
молоток
marto
щипці
ñoyƴirgel
викрутка
biisrgel
гайковий ключ
kele
кишеньковий
bawɗi biyetee

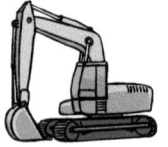

екскаватор

pikku

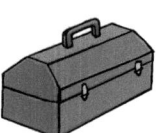

ящик для інструментів

baxanel kaɓorɗe

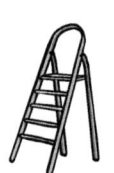

драбина

ŋabbirgal

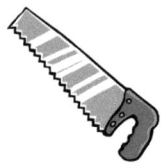

пилка

tayƴirgal

цвяхи

ƴibirɗe

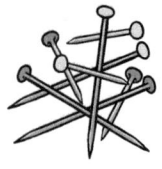

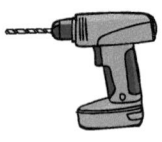

свердло

julirgal

ремонтувати

fewnitde

лопата

nokkirgel

лайно!

Soo!

совок

boftirgel kurjut

відро з фарбою

pot penttiir

гвинти

wiisuuji

музичні інструменти
kongirgon misik

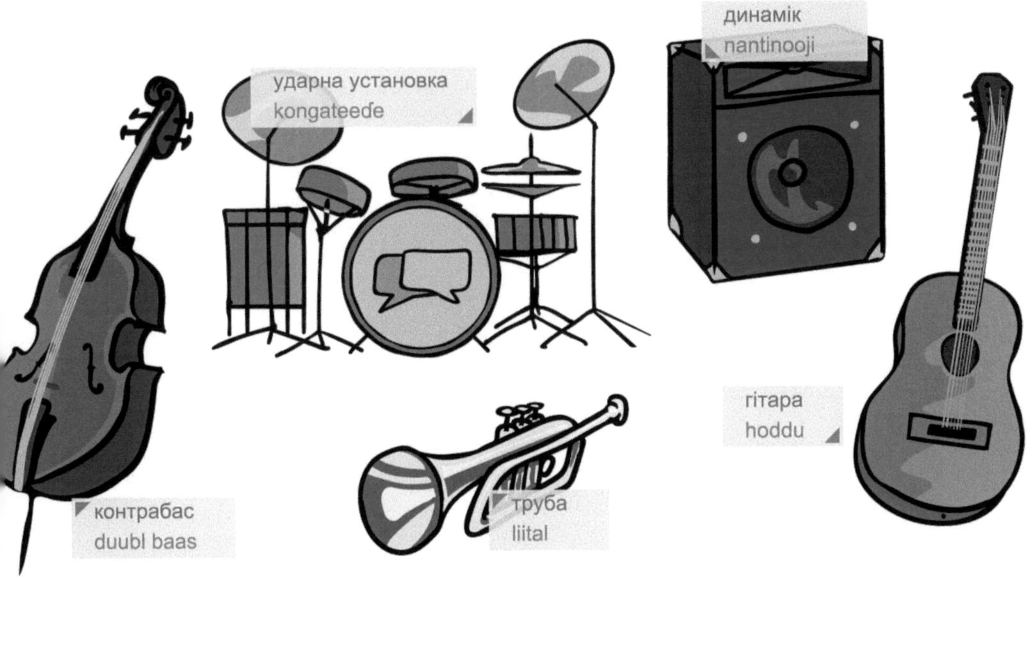

ударна установка
kongateeɗe

динамік
nantinooji

контрабас
duubl baas

труба
liital

гітара
hoddu

фортепіано

piayaano

скрипка

wiyolon

бас

baas

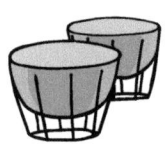

литаври

bowɗi biyeteeɗi timpani

барабан

bawɗi

клавіатура

tappirgal

саксофон

saksofoon

флейта

nguurdu

мікрофон

mikoro

зоопарк

nokku kullon

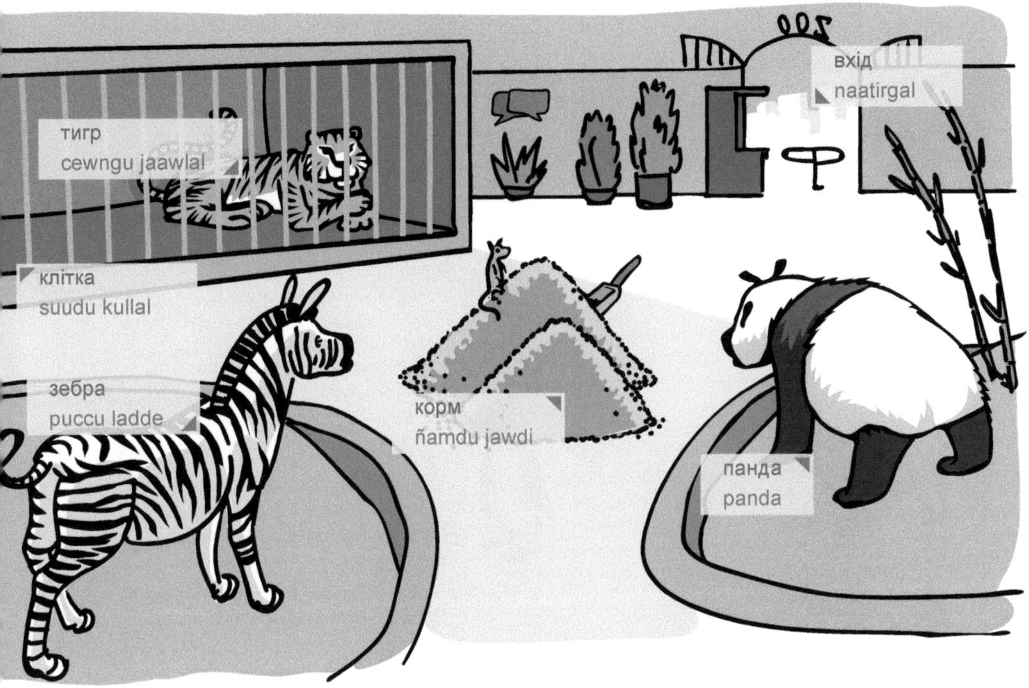
вхід
naatirgal
тигр
cewngu jaawlal
клітка
suudu kullal
зебра
puccu ladde
корм
ñamdu jawdi
панда
panda

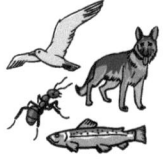

тварини

kulle

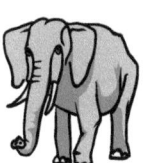

слон

ñiiwa

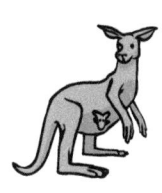

кенгуру

kanguru

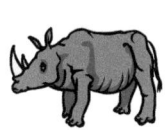

носоріг

rinoseros

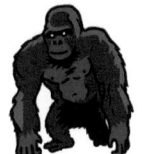

горила

waandu mowndu

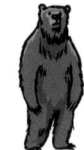

ведмідь

urs

верблюд

ngelooba

страус

sundu burndu mownude

лев

mbaroodi

мавпа

waandu

фламінго

ñaaral pural

папуга

seku

білий ведмідь

urso galaas

пінгвін

liingu wiyeteendu penguwe

акула

lingu reke

павич

ndiwri wiyeteendu pawon

змія

laadoori

крокодил

nooro

працівник зоопарку

deenoowo zoo

тюлень

togoori ndiyam wiyeteendu
fok e farayse

ягуар

cewngu

поні

molu

леопард

cewngu

гіпопотам

ngabu

жираф

njabala

орел

ciilal

кабан

mbabba tugal

риба

liingu

черепаха

heende

морж

kullal biyeteengal morse

лисиця

renaar

газель

lella

американський футбол
Fuggukoyngel Amerknaaɓe

їзда на велосипеді
dognugol welo

теніс
tenis

баскетбол
beysbol

плавання
lumbagol

бокс
boks

хокей
fuggukoyngel e galaa

футбол
Fuggukoyngel

бадмінтон
badminton

легка атлетика
atelettuuji

гандбол
hanbol

лижні перегони
fijirɗe deggol e nees

поло
polo

стрибати
diwde

сміятися
jalde

обіймати
buucaade

йти
yaade

співати
yimde

мріяти
hoydïtaade

молитися
juulde

цілувати
buucaade

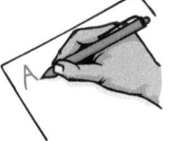

писати

windude

малювати

siifde

показувати

hollude

тиснути

duñde

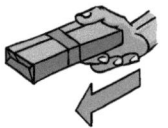

давати

rokkude

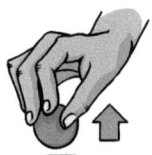

брати

yettude

мати

deňde

робити

waďde

бути

wonde

стояти

ummaade

бігати

dogde

тягнути

fooďde

кидати

weddaade

падати

yande

лежати

fende

очікувати

sabbaade

носити

roonďaade

сидіти

jooďaade

одягати

ɓoornaade

спати

ďaanaade

просипатися

finde

дивитися

ẙeewde

плакати

woyde

гладити

helde

розчісувати

yeesaade

розмовляти

haalde

розуміти

faamde

питати

naamnaade

слухати

heɗaade

пити

yarde

їсти

ñaamde

прибирати

hawrinde

любити

yiɗde

варити

defde

їхати

dognude

літати

diwde

йти під вітрилом

awyude

рахувати

qimaade

читати

jangude

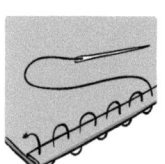

вчитися

jangude

працювати

gollude

одружуватися

resde

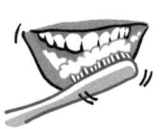

шити

ñootde

чистити зуби

soccaade ƴiiƴe

убивати

warde

курити

simmaade

посилати

neldude

сім'я

ɓesngu

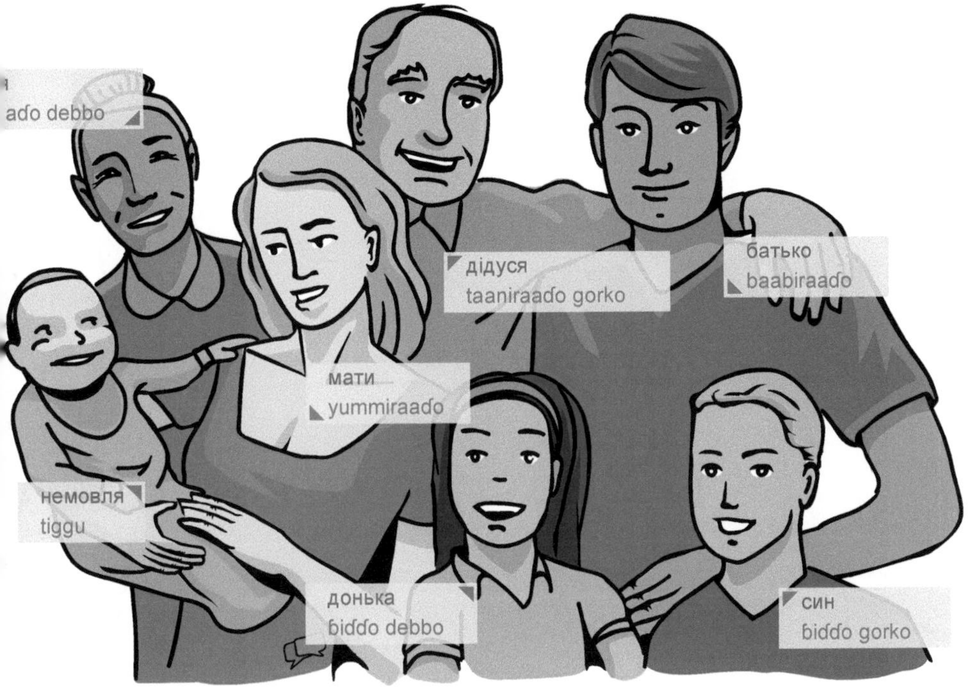

aɗo debbo
дідуся
taaniraaɗo gorko
батько
baabiraaɗo
мати
yummiraaɗo
немовля
tiggu
донька
ɓiɗɗo debbo
син
ɓiɗɗo gorko

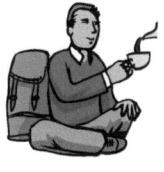

гість

koɗo

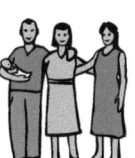

тітка

goggiraaɗo

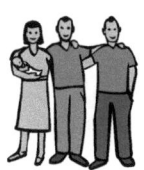

дядько

kaawiraaɗo

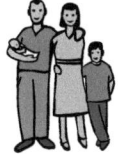

брат

mowniraaɗo gorko

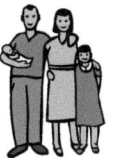

сестра

mowniraaɗo debbo

тіло

ɓandu

чоло
tiinde
око
yiitere
плече
walabo
палець
feɗendu
обличчя
yeeso
підборіддя
waare
кисть
jungo
нога
koyngal
груди
endu
рука
jungo

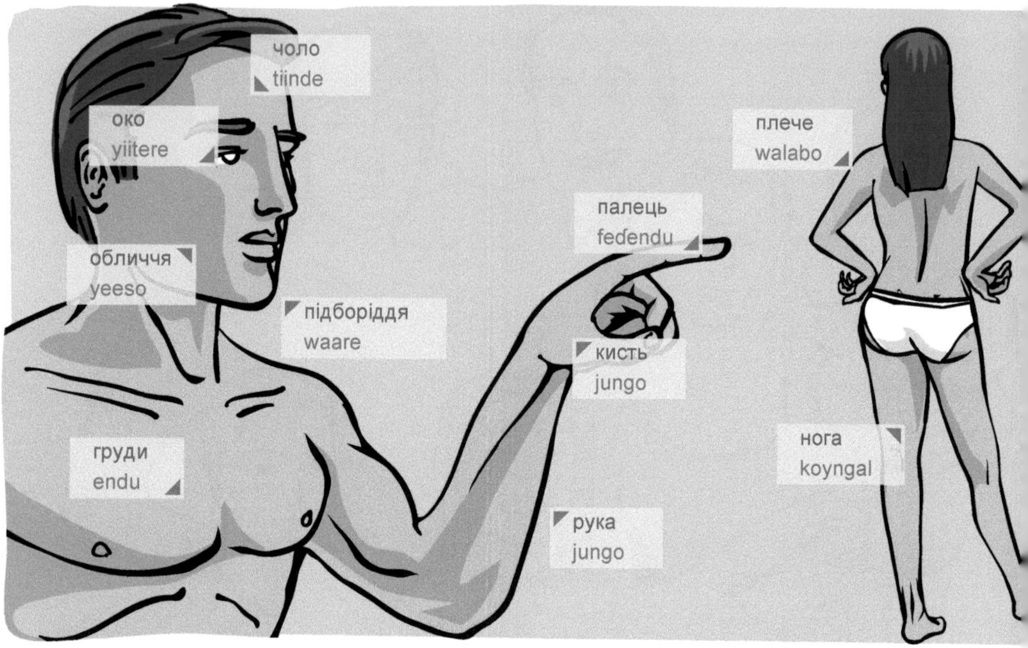

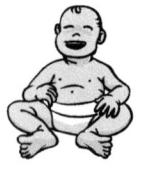

немовля

tiggu

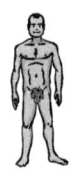

чоловік

gorko

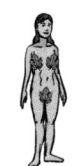

жінка

debbo

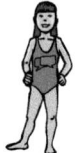

дівчина

deftere kongoli

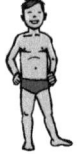

хлопчик

suka gorko

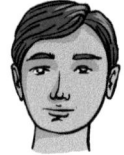

голова

hoore

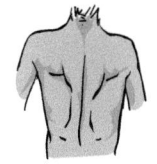

спина

keeci

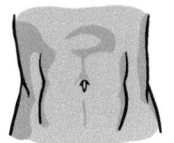

живіт

reedu

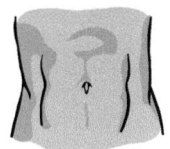

пуп

wuddu

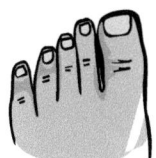

палець ноги

feɗendu koyngal

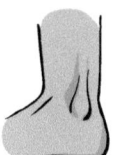

п'ята

jabborgal

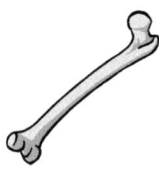

кістка

ỹiyal

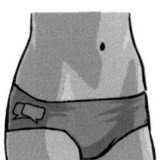

стегно

rotere

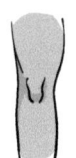

коліно

hofru

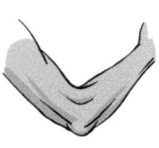

лікоть

salndu junngu

ніс

hinere

сідниці

dote

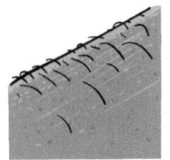

шкіра

nguru

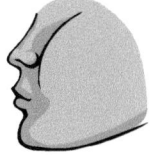

щока

abbulo

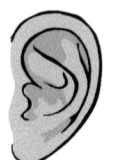

вухо

nofru

губа

tonndu

тіло - bandu

рот

hunuko

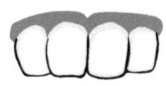

зуб

ñiire

язик

ɗemngal

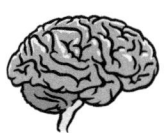

мозок

ngaandi

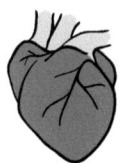

серце

ɓernde

м'яз

ƴiyal

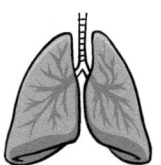

легені

wecco

печінка

heeñere

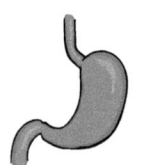

шлунок

estoma

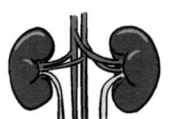

нирки

tekteki mawni

статевий акт

terɗe

презерватив

laafa ndeenka

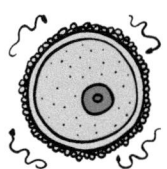

яйцеклітина

ɓoccoonde maniya

сперма

maniya

вагітність

reedu

тіло - ɓandu

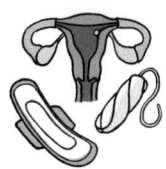

менструація

ƴiiƴam ella

вагіна

farja

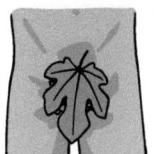

пеніс

kaake

брова

leeɓi dow yiitere

волосся

sukunndu

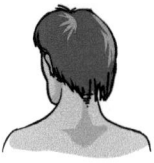

шия

daande

лікарня
suudu safirdu

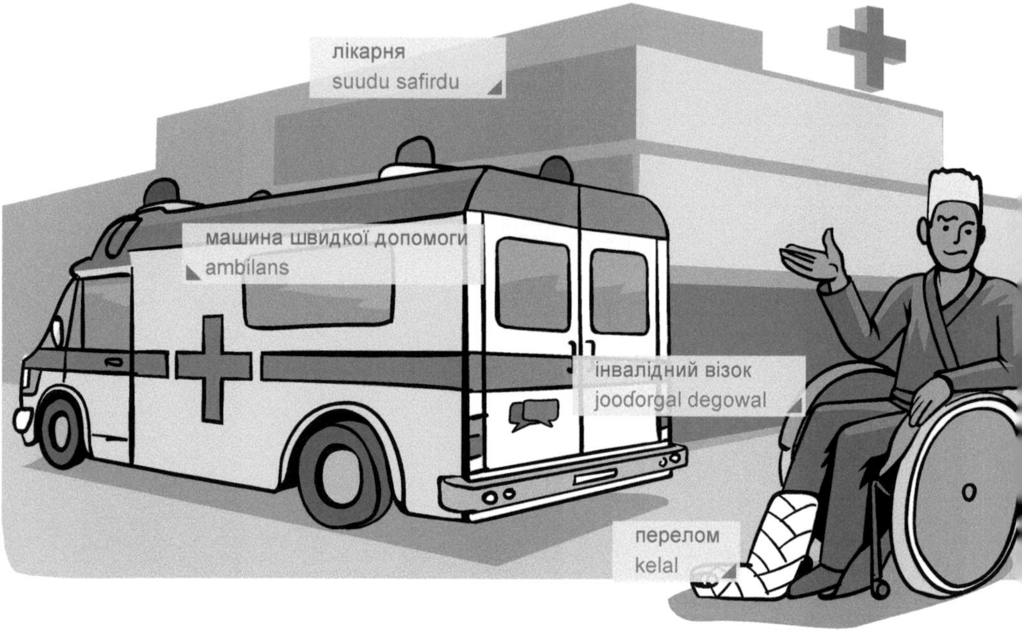

лікарня
suudu safirdu
машина швидкої допомоги
ambilans
інвалідний візок
jooɗorgal degowal
перелом
kelal

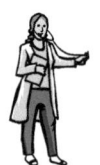

лікар
cafroowo

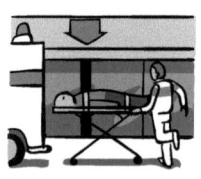

відділення швидкої медичної допомоги
suudo irsaans

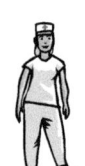

медсестра
cafroowo

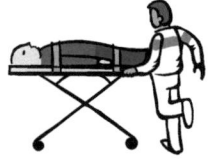

аварійний випадок
irsaans

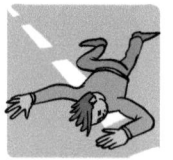

непритомний
paɗɗiiɗo

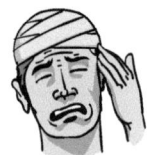

біль
muuseeki

травма
gaañande

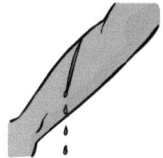

кровотеча
tuyƴude

інфаркт
bernde dartiinde

інсульт
darogol bernde

алергія
alersi

кашель
dojjugol

лихоманка
nguleeki bandu

грип
mabbo

пронос
reedu dogooru

головна біль
muuseeki hoore

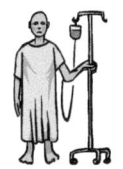

рак
kanser

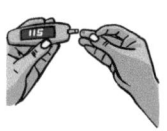

діабет
jabet

хірург
operasiyon

скальпель
ceekirgel

операція
operasiyon

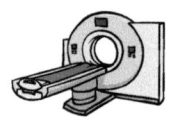

КТ
CT

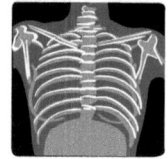

рентген
reyon-x

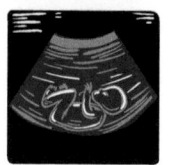

ультразвук
iltarason

маска
mask yeeso

хвороба
ñaw

зал очікування
suudu sabbordu

милиця
sawru tuggorgal

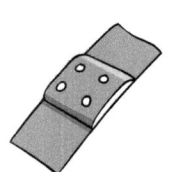

пластир
palatar

пов'язка
bandaas

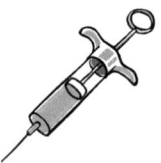

ін'єкція
pikkitagol

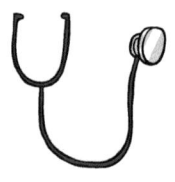

стетоскоп
keɗirgel dille ɓandu

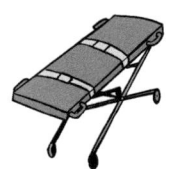

ноші
balankaaru

термометр
betirgel nguleeki ɓanndu

народження
jibinegol

надмірна вага
bandu ɓurtundu

слуховий апарат

ballotirgel nonooje

дезінфікуючий засіб

desefektan

інфекція

infeksiyon

вірус

viris

ВІЛ / СНІД

HIV / SIDA

медицина

safaara

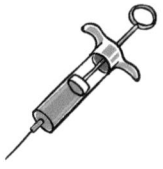

вакцинація

ñakko

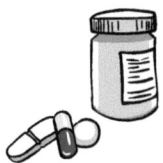

таблетки

tabletuuji

протизаплідна пігулка

foɗɗere

екстрений виклик

ɔddaango heñoraango

тонометр

betirgel dogdu ƴiiƴam

хворий / здоровий

sellaani / salli

Допоможіть!

Paaboɗe!

сигнал тривоги

tintinirgel

напад

jangol

атака

yande e

небезпека

musiiba

аварійний вихід

damal dandirgal

Вогонь!

Paaboɗe!

вогнегасник

ñifirgel jeynge

аварія

aksida

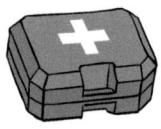

аптечка

geɗe cafrorɗe gadane

COC

BALLAL

поліція

Polis

Європа

Erop

Північна Америка

Amerik to Rewo

Південна Америка

Amerik to Worgo

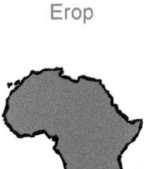

Африка

Afiriki

Азія

Asi

Австралія

Ostarali

Атлантика

Atalantik

Тихий океан

Pasifik

Індійський океан

Oseyan Enje

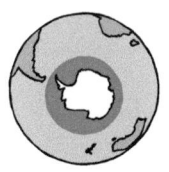

Антарктичний океан

Oseyan Antarktik

Північний Льодовитий океан

Osean Arkatik

Північний полюс

Bange Rewo

Південний полюс

Bange Worgo

Антарктика

Antarktik

Земля

Leydi

суша

leydi

море

maayo mawngo

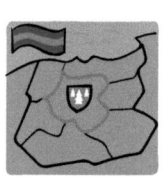

острів

wuro nder ndiyam

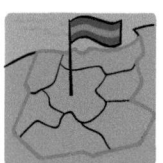

нація

leydi

держава

jamaanu

циферблат

yeeso montoor

годинникова стрілка

misalel waqtu

хвилинна стрілка

misalel hojomaaji

секундна стрілка

misalel majanɗe

Котра година?

Hol waqtu jonɗo?

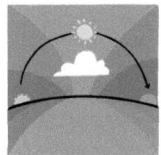

день

ñalawma

час

saha

зараз

jooni

цифровий годинник

montoor disitaal

хвилина

hojom

година

waqtu

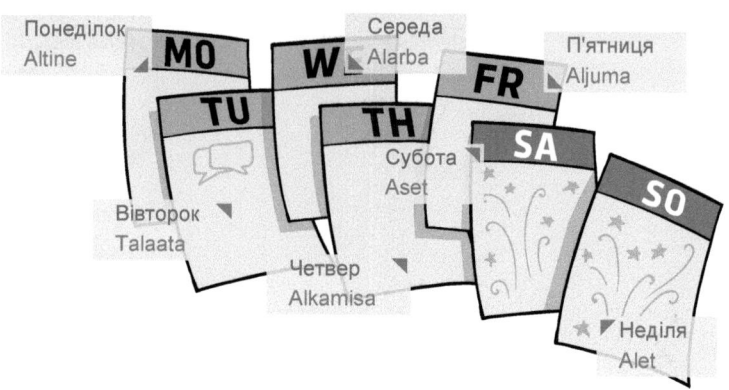

Понеділок
Altine

MO

Середа
Alarba

W

П'ятниця
Aljuma

FR

TU

TH

SA

SO

Вівторок
Talaata

Субота
Aset

Четвер
Alkamisa

Неділя
Alet

вчора

hanki

сьогодні

hande

завтра

jango

ранок

subaka

опівдні

beetawe

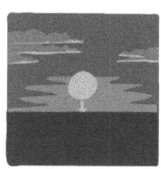

вечір

kikiiɗe

робочі дні

ñalawmaaji golle

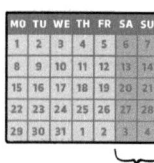

кінець робочого тижня

ñalamaaji fooftere

дощ
tobo

веселка
timtimol

сніг
nees

вітер
hendu

весна
caggal dabbunde

осінь
dabbunde

літо
ndungu

зима
dabbunde

4.APRIL	11°	☀
5.APRIL	4°	🌧
6.APRIL	13°	⛅
7.APRIL	8°	☀
8.APRIL	10°	☀

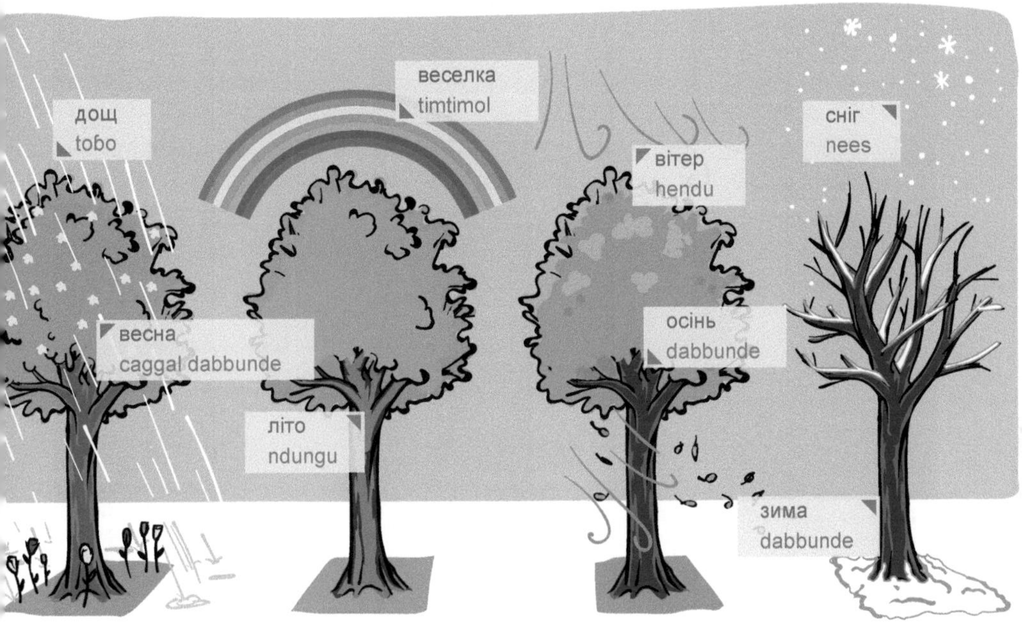

прогноз погоди

kabrugol geɗe weeyo

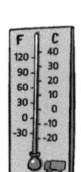

термометр

betirgal nguleeki

сонячне світло

nguleeki naange

хмара

duulal

туман

niɓɓere niwri

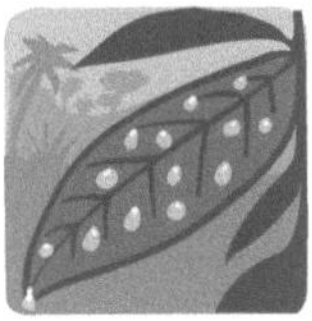

вологість повітря

ɓuuɓol

блискавка

majaango

грім

gidango

шторм

hendu yaduungo e gidaali

град

toɓo mawngo

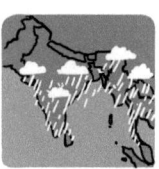

мусон

keneeli mawɗi

повінь

toɓo yooloongo

лід

galaas

Січень

Janwiye

Лютий

Feeviriye

Березень

Mars

Квітень

Awril

Травень

Me

Червень

Suwe

Липень

Suliye

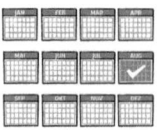

Серпень

Ut

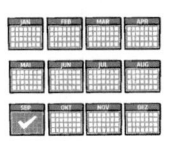

Вересень
....
Setanbar

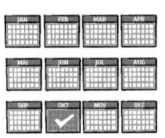

Жовтень
....
Oktobar

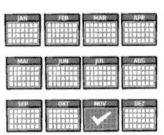

Листопад
....
Noowambar

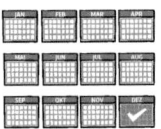

Грудень
....
Desambar

круг
....
taariɗum

квадрат
....
bangeeji potɗi

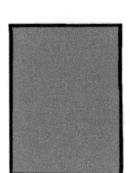

прямокутник
....
rektangal

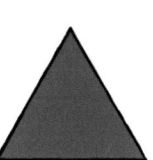

трикутник
....
tiriyangal

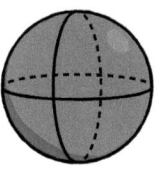

куля
....
esfeer

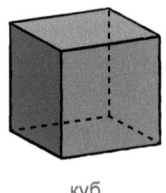

куб
....
kib

білий

deneejo

жовтий

puro

помаранчевий

oraas

рожевий

roos

червоний

boɗeejo

фіолетовий

yolet

синій

bulaajo

зелений

werte

коричневий

baka

сірий

giri

чорний

ɓaleejo

багато / мало

heewi / famɗi

лютий / мирний

mittinɗo / deeyɗo

гарний / бридкий

yooɗi / soofi

початок / кінець

fuɗɗorde / gasirde

великий / малий

mawni / famɗi

світлий / темний

leeri / ɗibbiɗi

брат / сестра

wniraaɗo gorko / debbo

чистий / брудний

laabi / tulmi

завершений / незавершений

timmi / manki

день / ніч

ñalawma / jamma

мертвий / живий

mayi / wuuri

широкий / вузький

yaaji / bitti

їстівний / неїстівний

ñaame / ñaametaake

злий / дружній

bonɗum / moyyi

збуджений / нудьгуючий

weelti / deeyi

товстий / тонкий

butto / cewɗo

спочатку / востаннє

gadiiɗo / cakkitiiɗo

друг / ворог

sehil / gaño

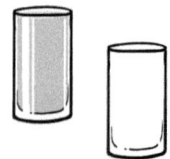

повний / порожній

heewi / bolɗi

жорсткий / м'який

tiiɗi / hoyi

важкий / легкий

teddi / hoyi

голод / спрага

heege / ɗomka

хворий / здоровий

sellaani / salli

незаконний / законний

dagaaki / dagi

розумний / дурний

yoyi / yiyaani

вліво / вправо

ñaamo / nano

поруч / далеко

badi / woɗɗi

…овий / використаний

keso / kiiɗɗo

нічого / щось

haydara / huunde

старий / молодий

nayeeji / suka

вкл / викл

ne heen / ala heen

відкрито / закрито

udditi / uddi

тихо / гучно

deeyi / dilla

багатий / бідний

galo / baasɗo

правильно / неправильно

feewi / feewaani

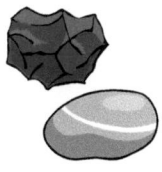

шорсткий / гладкий

tekki / ɗaati

сумний / щасливий

suni / weelti

короткий / довгий

daɓɓo / jutɗo

повільно / швидко

leeli / yaawi

вологий / сухий

leppi / yoori

гарячий / холодний

wuli / ɓuuɓi

війна / мир

hare / jam

0	**1**	**2**
нуль	один	два
meere	goo	ɖiɖi

3	**4**	**5**
три	чотири	п'ять
tati	nay	joy

6	**7**	**8**
шість	сім	вісім
jeegom	seeɖiɖi	jeetati

9	**10**	**11**
дев'ять	десять	одинадцять
jeenay	sappo	sappo e goo

12

дванадцять

sappo e ɗiɗi

13

тринадцять

sppo e tati

14

чотирнадцять

sappo e nay

15

п'ятнадцять

sappo e joy

16

шістнадцять

sappo e jeegom

17

сімнадцять

sappo e jeeɗiɗi

18

вісімнадцять

sappo e jeetati

19

дев'ятнадцять

sappo e jeenay

20

двадцять

noogas

100

сто

teemedere

1.000

тисяча

ujunere

1.000.000

мільйон

miliyonŋ

англійська

Angale

американська англійська

Angale Amerik

китайська
високочиновницька

Mandare Siin

хінді

Indo

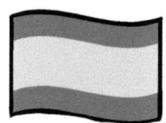

іспанська

Español

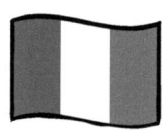

французька

Farayse

арабська

Arab

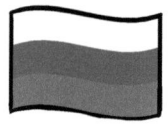

російська

Riis

португальська

Portige

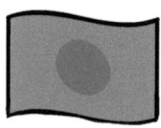

бенгальська

Bengali

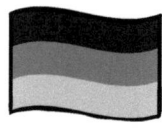

німецька

Alma

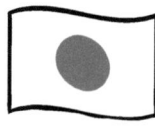

японська

Sappone

я
....
miin

ти
....
ann

♂ ♀ ○

він / вона / воно
....
kanŋko / kanŋko / kaňum

ми
....
minen

ви
....
onon

вони
....
kamɓe

хто?
....
holi oon?

що?
....
hol ɗum?

як?
....
hol no?

де?
....
hol toon?

коли?
....
mande?

ім'я
....
innde

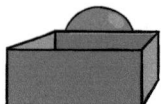

ззаду

caggal

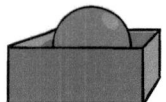

в

nder

перед

yeeso

над

hedde

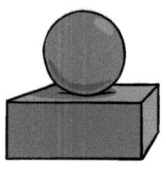

на

dow

під

les

біля

sara

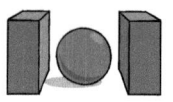

між

hakkunde

місце

nokku